© 2001 Cosac & Naify Edições TÍTULO ORIGINAL *Urfaust* CAPA Jacque de Lajoue, *The Cabinet of Monsieur Bonnièr de la Mosson* [detalhe], *c.* 1750. Sir Alfred Beit, Bart VERSO DA CAPA Odilon Redon, *Mephistopheles* [*il montre son ongle*], 1877. Coleção do Sr. e Sra. Eugene V. Thaw, Nova York PROJETO GRÁFICO E CAPA Raul Loureiro PESQUISA DE IMAGENS Raul Loureiro Rodrigo Lacerda Samuel Titan Jr Simone Rebelo PREPARAÇÃO Fábio Gonçalves REVISÃO Harue Ohara Avritscher Ana Paula Castellani TRADUÇÃO E INDICAÇÃO EDITORIAL Christine Röhrig

A editora agradece aos detentores dos direitos de imagem por autorizarem as reproduções aqui contidas. Àqueles que não foram localizados, asseguramos que todos os esforços foram envidados nesse sentido.

1.ª reimpressão

Catalogação na Fonte do Departamento Nacional do Livro
[Fundação Biblioteca Nacional, RJ, Brasil]

Goethe, J. W. von [1749–1832]
Título: *Fausto zero*
Tradução: Christine Röhrig
São Paulo: Cosac & Naify Edições, 2001
208 p.
ISBN 85-7503-096-5 CDD 832

1. Teatro. 2. Literatura 3. J. W. von Goethe

COSAC & NAIFY Rua General Jardim 770 2º andar 01223-010 São Paulo SP TEL 11 3218.1444
FAX 11 255.3364 info@cosacnaify.com.br

[Urfaust] Fausto zero JOHANN WOLFGANG VON GOETHE

JOHANN WOLFGANG VON GOETHE [28.8.1749–23.3.1832]

[Urfaust] Fausto zero

Escrito entre 1773 e 1775

Tradução Christine Röhrig | Cosac & Naify

Levar a mensagem a Garcia*

Ao ler as considerações de Walter Benjamin sobre a tarefa do tradutor, no *post-scriptum* intitulado "Transluciferação mefistofáustica", do livro *Deus e o Diabo no Fausto de Goethe*, de Haroldo de Campos, encontrei uma pista de como deveria me desemcumbir da tradução do *Urfaust*, tarefa que o diretor teatral Márcio Meirelles acreditava ser possível de se realizar e que a mim confiou visando uma encenação no Teatro Vila Velha, de Salvador.

Benjamin dizia, no referido *post-scriptum*, que "a tradução como a filosofia não tem Musa. E se ela não tem Musa, poder-se-ia dizer que tem um Anjo". No seu entender, cabe à tradução uma função angelical, de portadora, de mensageira. Não sei se é bem assim, mas a sugestão veio a calhar e fiquei mais tranqüila. Entendi que deveria transmitir a mensagem da obra (sua essência, a contribuição original trazida por Goethe à cultura humanística) da melhor maneira que pudesse. Goethe era, afinal, um autor popular. Não tive a pretensão de repetir a poética e a métrica, pois não teria competência para isso. Apenas algumas rimas quando estas fluíssem livremente, surgissem espontaneamente. Quando leio Goethe

*Ou seja: "Desempenhar-se de missão difícil, enfrentando todos os obstáculos e perigos."

sempre tenho a impressão de que as frases poéticas brotaram acabadas em sua cabeça, prontas para serem declamadas. Como reproduzir isso?

A tradução contou com a enorme ajuda de Meirelles e de todo o elenco da Companhia Teatro dos Novos, que trabalhou comigo ao longo de dez dias, lendo, discutindo e pesquisando, o que possibilitou grandes melhoras na versão original. Depois disso, o texto ainda recebeu uma providencial escovada do diretor Márcio Aurélio, quando a encenou em São Paulo com o jovem e talentoso grupo da Companhia Razões Inversas. Tentei transmitir a beleza das idéias de Goethe, sua sensibilidade, seu conhecimento profundo do ser humano, suas essências, seu saber. Fiquei, como Fausto, em busca do saber maior, à procura de um espírito que me conduza a tamanha beleza poética. Para isso, topo qualquer pacto! Estou esperando. A certeza que tenho é que fui honesta, fiel e que o esqueleto do *Urfaust – Fausto zero*, como chamamos – está aí. Sei também que a alma irá juntar-se a ele quando as cortinas se abrirem a cada encenação ou na imaginação do leitor.

O fragmento *Fausto zero* foi escrito quando Goethe tinha 26 anos, na época do movimento *Sturm und Drang* (ou Tempestade e ímpeto, o pré-romantismo alemão). Os manuscritos originais do autor se perderam (ele os destruiu) e o fragmento só foi recuperado graças a uma cópia que uma amiga e entusiasmada admiradora, Luise von Göchhausen, fez do manuscrito que Goethe lhe apresentara pessoalmente durante uma visita a Frankfurt em 1775. Fazer cópia de escritos poéticos que os autores não pretendiam publicar era comum naquela época. Aparentemente Luise só copiou o manuscrito para si mesma. Não o fez com a precisão de um filólogo.

CANCER
GEMINI
TAVRVS
VIRGO
LIBRA
SCORPIVS
CAPRICORN
AQVARIVS
PISCES
LATITVDO LVNAE MERIDIONALIS

Não se sabe ao certo se abreviações, imperfeições de grafia (como p. ex. *Philosophei* em vez de *Philosophie*) podem ser creditadas a ela. Também não é possível afirmar se, além das cenas que Goethe lhe entregou, havia alguma outra, ou algum esboço a ser inserido no texto. Em todo caso, esse material só foi encontrado muitos anos depois, em 1887, pelo historiador literário Erich Schmidt, de quem recebeu o nome de *Urfaust*.

Existem algumas diferenças entre o *Urfaust* e a primeira parte da obra completa. No *Fausto zero*, o diálogo com o fâmulo Wagner surge do contraste entre o barroco e o *Sturm und Drang*. Não há a cena da cozinha das bruxas, em que Fausto deseja rejuvenescer. Não se trata de uma lacuna na peça – simplesmente ela não estava prevista. Isso porque, diferente do outro da obra completa, esse Fausto era um jovem doutor de no máximo trinta anos de idade, que expressa sua insatisfação com o conhecimento e a ciência, buscando a sabedoria plena na magia. Faltam também as passagens do encontro entre Fausto e Mefistófeles e a do pacto que estabelecem entre si. Um possível motivo para a falta do pacto talvez seja porque Goethe quisesse se divertir com a entrega voluntária de Fausto ao diabo, que não precisava de um pacto formal. Outro é que o teatro de fantoches que contava a história do *Doktor* Faust que vendia a alma ao diabo, na qual Goethe se inspirou, ainda circulava pela Alemanha. Talvez Goethe considerasse a questão subentendida por todos e não sentisse a necessidade de explicar o óbvio. As cenas com Margarida estão completas. As diferenças entre o *Fausto zero* e a obra final se encontram mais na forma do que no conteúdo. Partes importantes que nesta última aparecem em verso aqui se apresentam em prosa vivaz e forte. Uma cena ou

outra caiu fora de vez. A linguagem remete muito ao movimento *Sturm und Drang*, transparecendo nela a juventude tempestuosa e impetuosa de Goethe.

Seguindo o exemplo de Luise von Göchhausen, copio aqui respeitosamente as linhas com que Otto Maria Carpeaux fecha a sua belíssima apresentação a uma antiga edição da obra completa, e que valem também para o *Fausto zero*: "o itinerário do leitor, através das páginas das duas partes de Fausto, parece-se com a subida de uma catedral gótica: é uma escada estreita e às vezes perigosa, mas no alto abre-se o panorama imenso de uma paisagem nossa: do trabalho em liberdade pela ação social e do futuro do gênero humano".

Christine Röhrig

Noite

Num quarto gótico estreito, com abóbadas altas
Fausto irrequieto sentado em sua poltrona junto
à escrivaninha

FAUSTO Ah, estudei até a exaustão a filosofia,
A medicina e a jurisprudência
E infelizmente também a teologia,
Tudo com a maior paciência.
Mas eis-me aqui, pobre ignorante,
Não mais sabido do que antes.
Sou professor, doutor até,
Há dez anos eu fico atrás
Dos meus alunos sem parar.
Estudar, estudar e estudar!
Mas vi que não é possível saber
E isso dilacera o meu coração.
Na verdade, sou mais inteligente do que esses paspalhos —
Doutores, professores, escritores e padres.
Não tenho escrúpulos, nem dúvidas me assolam,
Não temo nem o inferno, nem o diabo.
Porém, a alegria me foi roubada.
Não tenho mais a ilusão de saber,
Não tenho mais a ilusão de poder ensinar
Aos homens para melhorá-los ou convertê-los;
Também não tenho bens, muito menos dinheiro,
Nem honra, nem glória no mundo.
Nem mesmo um cão viveria desse jeito!
Por isso entreguei-me à magia,
Para ver se, por força do espírito e da palavra,
Consigo desvendar alguns mistérios.
Para que eu não fale mais, com suor azedo,
Daquilo que não sei.

Para que eu conheça o que o mundo
Esconde em seu âmago profundo
E possa observar toda eficácia e sêmen
E não fique remexendo nas palavras.

Oh, lua cheia, se contemplasses
Pela última vez o meu sofrimento,
Com que tantas vezes à meia-noite velei
Junto a esta escrivaninha!
Até que sobre livros e papel
Surgisses para mim, melancólica amiga.
Ah, se eu pudesse vaguear sobre montanhas,
Iluminado por tua doce luz
E flutuar com espíritos pelas grutas,
Tecer, na tua aurora, sobre a relva dos prados
E, livre de todo o martírio do saber,
Banhar-me saudável em teu orvalho!

Lástima! Ainda estou encalhado nesta cela?
Maldito buraco abafado na parede,
Onde mesmo a boa luz do céu
Penetra, opaca, por vidraças pintadas!
Oprimido por toda esta montanha de livros
Corroída por vermes, coberta de pó
E a parede forrada, até o topo da cimeira,
com papel embolorado,
Entulhada de frascos, latas por todo lado,
Instrumentos amontoados,

Entupida de trastes e conselhos dos antepassados.
Este é o teu mundo, isso é um mundo!

E ainda perguntas por que teu coração
Se comprime assim no peito?
Por que uma dor inexplicável
Inibe toda a tua força de vontade?
Em vez de toda natureza viva
Em que Deus criou os homens,
Cercam-te fumaça, bolor,
Esqueletos de animais e pés mortos.

Foge! Anda! Lança-te ao campo aberto!
Este livro misterioso,
Escrito pela própria mão de Nostradamus,
Não basta para te acompanhar?
Então reconheces a rota das estrelas
E quando a natureza te instrui,
Como um espírito fala a outro,
Em ti se acende a força da alma.
Em vão o sentido árido aqui
Te explica o sinal sagrado.
Espíritos que flutuam ao meu lado,
Respondam se estiverem me ouvindo!

[*Abre o livro e avista o sinal do Macrocosmo.*]

Ah! Que encanto flui nessa visão

De repente por todos os meus sentidos.
Sinto vigor, vida nova, sagrada,
Sinto fervor fluir por nervos e veias.
Terá sido um Deus que escreveu esses sinais
Que calam toda a fúria interior,
Enchendo o pobre coração de alegria
E, com ímpeto misterioso,
Revelam as forças da natureza?
Sou eu um Deus? Sinto-me luz!
Nestes traços puros, vejo
A natureza eficaz deitar-se diante da minha alma.
Só agora reconheço o que o sábio diz:
"O mundo dos espíritos não está trancado,
Teu senso está fechado, teu coração morto.
Anda! Banha, discípulo, animado
O peito terrestre na luz da aurora!".

[*Examina o signo.*]

Como tudo num todo se urde,
Um no outro age e vive!
Como sobem e descem as forças celestes
E se estendem os cântaros dourados!
Oscilando, o aroma divino
Do céu penetra a Terra,
Para em tudo harmônico soar o todo!

Que espetáculo! Mas, só espetáculo!!

Como capturar-te, natureza infinita?
Teus seios onde? Oh, fontes de toda vida,
Em que o céu e a terra se penduram,
E que o peito exausto procura —
Correis, nutris e lânguido permaneço?

[*Folheia irritado o livro e avista o signo do Espírito da Terra.*]

Que efeito diferente este signo está provocando em mim!
Tu, Espírito da Terra, estás mais próximo;
Já sinto minhas forças aumentando;
Já enrubesço como pelo vinho novo.
Sinto coragem de lançar-me ao mundo,
E carregar toda sua dor e sua sorte,
De lutar contra a tempestade,
De não temer os rangidos do naufrágio.
Encobre-se o céu sobre mim —
A lua esconde sua luz!
A lâmpada oscila!
Sobe um vapor! Raios vermelhos faíscam
Em volta da minha cabeça. Do alto da abóbada
Sopra um calafrio
E me toca.
Eu sinto, flutuas ao meu redor,
Espírito que invoquei!
Revela-te!
Ah, como se dilacera o meu coração!
Para novos sentimentos,

Todos os meus sentidos se agitam!
Sinto todo o meu coração entregue a ti!
Aparece! Aparece! Ainda que me custe a vida!

[*Agarra o livro e com voz de mistério enuncia o signo do espírito. Uma chama vermelha corisca. Nela surge o espírito, demonstrando desagrado.*]

ESPÍRITO Quem me chama?

FAUSTO [*esquivando-se*] Que semblante repugnante!

ESPÍRITO Me invocaste com toda força,
Teu sopro afetou a minha esfera
E agora...

FAUSTO Ah! Não te suporto.

ESPÍRITO Imploras aspirando me ver,
Ouvir a minha voz, olhar o meu semblante.
Curvo-me à forte súplica da tua alma.
Cá estou eu! Que miserável temor
Apropria-se de ti, super-homem! Onde está o clamor da alma?
Onde está o peito que gerou um mundo em si
E o carregou, o fecundou e, tremendo de alegria,
Inflou-se ousando elevar-se para se igualar a nós, espíritos?
Onde estás, Fausto? Cuja voz ecoou em mim!
Tu que me chamaste aqui com toda força?

Tu! Que mal farejas o meu hálito,
Já treme em toda profundeza da vida,
Um verme retorcido pelo medo.

FAUSTO Fugir de quem, de ti, vulto em chamas?
Sou eu, Fausto, teu igual.

ESPÍRITO Na maré da vida e na tempestade da ação
Subo e desço flutuando,
Venho e vou urdindo!
Nascimento e morte,
Um mar eterno,
Uma vida em mutação!
Assim labuto no sibilante tear do tempo
E teço as vestimentas vivas da divindade.

FAUSTO Tu que pairas ao redor desse mundo imenso,
Espírito ativo, quão próximo me sinto de ti!

ESPÍRITO Tu te igualas ao espírito que concebes,
Não a mim! [*Desaparece.*]

FAUSTO [*desmoronando*] Não a ti?
A quem, então?
Eu, cópia de Deus,
Não igualo nem mesmo a ti? [*Batem à porta.*]
Oh morte! Eu sei, só pode ser o meu discípulo.
Isso acaba de aniquilar comigo de vez!

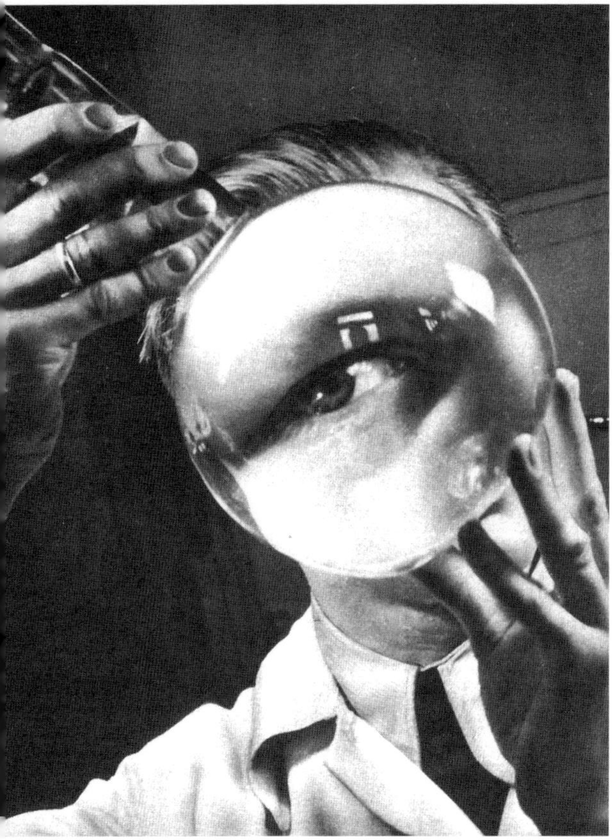

Por que esse fanático lacônico
Tem de atrapalhar a plenitude dessa visão!?

[*Entra Wagner de roupão e touca de dormir, um lampião na mão. Fausto volta-se impaciente.*]

WAGNER Perdão, ouvi-vos declamar.
Decerto líeis uma tragédia grega?
Desejo me aperfeiçoar nessa arte,
Pois tem muito valor hoje em dia;
Já ouvi dizer diversas vezes
Que um comediante poderia ensinar a um padre.

FAUSTO É, se o padre for um comediante;
Como tem acontecido ultimamente.

WAGNER Ah, quando se está preso ao proscrito,
Só vendo o mundo de vez em quando, nos feriados,
Com efeito, não se sabe como levá-lo às coisas boas
Só por meio de palavrório.

FAUSTO Não se alcança jamais o que não se sente,
Se não se trespassa a alma
E não se domina com genuíno prazer
O coração de todos os ouvintes.
Fica-se um tempo colando as partes,
Prepara-se um ragu com iguarias de outros
E as miseráveis chamas se apagam

P. II. 32

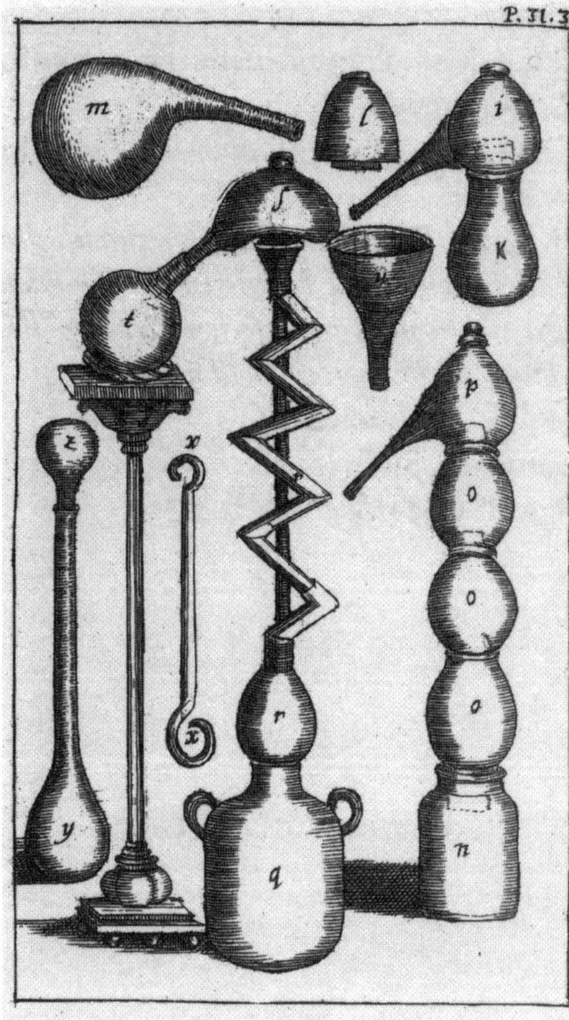

No montinho de cinzas!
Admiração terás das crianças e dos macacos
Se isso te apraz.
Mas nunca falarás do coração ao coração,
Se a palavra não partir do próprio coração.

WAGNER O próprio discurso já é de grande utilidade ao orador.

FAUSTO Que discurso! Só é bom para fantoches.
Meu caro senhor mestre, tenha a força!
Não sejas um louco ressonante!
Acaso a amizade, o amor e a irmandade
Não se apresentam espontaneamente?
E se algo de sério tiver de ser dito,
Será mesmo preciso correr no encalço das palavras?
E todos os discursos que reluzem,
Com os enfeites da frivolidade humana,
Agradam tão pouco quanto o vento nebuloso,
Que zune pelas folhas secas de outono.

WAGNER Meu Deus! A arte é longa
E curta a nossa vida!
Confesso que as minhas pretensões críticas
Deixam minha cabeça e meu peito inquietos.
Como é difícil conquistar os meios
Pelos quais alcançamos a fonte!
E mal chega à metade do caminho,
O pobre diabo já morre.

FAUSTO Será a escritura, a fonte divina
Que sacia a sede para sempre?
Não haverá alívio se
Não vier da própria alma.

WAGNER Perdoai, mas é um enorme deleite
Transportar-se para o espírito do tempo
E ver como pensava o sábio antes de nós
E como, afinal, fomos esplendidamente longe.

FAUSTO Ah, sim, até as estrelas!
Meu amigo, os tempos do passado
São para nós um livro com sete chaves.
O que chamas de espírito do tempo
É, no fundo, o próprio espírito dos autores
Em que os tempos se refletem.
Eis que em verdade, na maioria das vezes, é lamentável!
Uma espiada basta para querermos fugir.
Um barril de lixo, um velho depósito,
Quando muito uma prosopopéia.
Com máximas pragmáticas oportunas,
Assim como convém à boca de fantoches.

WAGNER Já o mundo! O coração e o espírito dos homens!
Qualquer um gostaria de conhecer alguma coisa sobre isso.

FAUSTO É, o que se chama de conhecer!
Quem pode chamar a criança pelo nome certo?

1. No *Fausto zero* não existe a cena em que o protagonista estabelece seu pacto demoníaco com Mefistófeles, que ocorre longe dos olhos do público, entre o diálogo de Fausto e Wagner e a entrada de Mefistófeles e do estudante. Instaura-se aqui, portanto, uma passageira quebra no fluxo natural da ação. Tal quebra já foi explicada, e cenicamente "resolvida", de várias maneiras. Muito provavelmente, por ser a história de Fausto e de seu pacto amplamente difundida na Alemanha de Goethe, e sobretudo por ser a extrema economia dramática uma característica marcante neste *Fausto zero*, o autor não tenha sentido necessidade de incluí-la nesta primeira versão da peça.

Mas a cena entre Mefistófeles e o estudante, embora algo estranha ao fluxo narrativo, explicita alguns conteúdos importantes. Enquanto o jovem planeja dedicar-se ao domínio da medicina, Mefistófeles, disfarçado de acadêmico, sugere-lhe o estudo introdutório da filosofia, o que evidencia a disparidade entre o esperançoso principiante e o professor desiludido com a ciência. Assim, essa pequena sátira promovida por Mefistófeles espelha um dos motivos centrais do protagonista.

Mas, além de uma sátira à ciência, há ecos autobiográficos nesta cena entre o estudante e Mefistófeles, que estendem o teor satírico dos versos também à universidade e às relações da vida estudantil da época. Ao menos assim parece indicar um episódio ocorrido em 1776 e contido no livro de memórias de Goethe, *Dichtung und Wahrheit*, no qual é descrita a visita que ele, ainda estudante, e seu futuro cunhado fizeram a um tal professor Gottsched. Escreve Goethe: "Assim que entramos, deparamo-nos com

Os poucos que conheciam alguma coisa,
Loucos o bastante para não guardar o coração cheio,
Que revelaram ao povo o sentimento, a visão,
Acabaram sempre crucificados e queimados.
Eu te peço, amigo, já é tarde da noite,
Desta vez teremos de interromper.

WAGNER Eu apreciaria ficar até o amanhecer
Para manter tão ilustrada conversação convosco.

[*Sai.*]

FAUSTO Como pode essa cabeça não perder toda a esperança,
Sempre fixa em matéria insípida,
Com mãos ávidas cava em busca de tesouro,
Mas, se encontra minhocas, já se contenta.

[*Mefistófeles, de roupão, e com uma longa peruca. Estudante.*][1]

ESTUDANTE Estou aqui há pouco tempo
E venho, com total submissão,
Falar e conhecer
Um homem de quem só se fala com veneração.

MEFISTÓFELES Sua gentileza me alegra muito
Mas está a sua frente um homem comum.
O senhor já deu uma espiada por aí?

uma cena excepcional, pois nesse momento Gottsched, homem imenso e narigudo, trajando um roupão de damasco verde forrado com cetim vermelho, acabara de entrar pela porta oposta; sua cabeça descomunal exibia uma careca e estava descoberta. Eram necessárias providências urgentes, tanto que o criado, com ares de pavor, surge por uma outra porta lateral carregando uma imensa peruca, cujos cachos alcançavam seus cotovelos, e entrega a jóia ao seu senhorio. Gottsched, sem externar o mínimo aborrecimento, pega a peruca com a mão esquerda e, ao mesmo tempo que habilmente a lança sobre a cabeça, com a mão direita tasca uma bofetada no rosto do criado, de modo que este, como costuma acontecer numa comédia, rodopiando, dirige-se à porta de saída, enquanto o ancião indica-nos assentos e emenda um solene discurso sobre bons modos". Certamente não é por acaso que Mefistófeles entra em cena vestindo um roupão e com uma longa peruca.

Na versão definitiva da peça, há uma cena própria para o pacto entre Fausto e Mefistófeles. Este aparece primeiro na forma de um cão, que entra no quarto de Fausto pela porta deixada aberta, e se esconde atrás do fogão. Mais tarde, já como Mefistófeles, surge detrás do fogão em trajes de estudante.

Nos excertos que seguem, procuro mostrar como se dá o pacto entre Fausto e Mefistófeles na versão final da peça.

Diante de Mefistófeles,
Fausto diz:
O recheio do cão cifrou-se nisto!
Um viandante escolar! Faz rir.

Em seguida, Fausto pergunta como ele se chama e quem é.

Mefistófeles reponde:
Quem eu sou? Parte da força
que, empenhada no mal, o bem
promove.
[...]
Sou o espírito
Que estorva sempre. E com
razão, pois tudo
Quanto nasceu merece [ser]
aniquilado;
Portanto era melhor não ter
nascido.
Meu elemento é o que chamais
vós outros
Destruição, Pecado, o Mal,
em suma.

ESTUDANTE Peço-vos que me aceiteis!
Venho com a cara e a coragem
Algum dinheiro e minha mocidade.
Minha mãe não queria me largar
Mas eu gostaria de aprender alguma coisa de verdade.

MEFISTÓFELES Então, está no lugar certo.

ESTUDANTE Sinceramente! Já estou com vontade de ir embora!
Tudo parece tão árido ao redor
Como se a fome estivesse em toda parte.

MEFISTÓFELES Ora! Não preste muita atenção nisso,
Aqui os estudantes são o alimento.
Mas, antes, onde o senhor irá ficar?
Isso é o mais importante!

ESTUDANTE Vossa Senhoria talvez possa me aconselhar!
Sou mesmo um cordeiro errante,
Quero todo o bem de uma vez abarcar
E que o mal fique bem longe.
E quero também a liberdade e a diversão, é claro!
Mas quero também estudar seriamente,
Mergulhar de cabeça até as orelhas!
Ó Senhor, ajude que à minha alma
Nunca falte o bom caráter.

MEFISTÓFELES [*coça-se*] O senhor dizia que não tem alojamento?

Mefistófeles não consegue sair do quarto devido a certa mágica no umbral interno da janela, um pentagrama mal traçado (o ângulo que aponta para fora não está fechado completamente), e explica:
É uma lei de espectros e demônios:
Sai-se por onde se entra;
à entrada livres,
Forçados no sair.

Fausto:
Regulamentos
Até no inferno! Bravo! Então convosco
Também, senhores meus, pode haver pactos?

Mefistófeles pede então que Fausto o deixe ir embora.

Fausto: *Não te armei laço algum. Se estás na rede,*
Foi por teu alvedrio. Asno me julgas
Que havendo às mãos o demo, o lance a monte,
E fique de boca aberta a ver se torna?

Mefistófeles: *Mui bem.*
Se leva em gosto a convivência,
Também eu; já não parto.
O que lhe ponho
Por condição é que há de permitir-me
Entretê-lo tão só co'as minhas artes.
É nobre passatempo.

FAUSTO: *Assino, pondo*
Por condição também, que tais artes
Me possam divertir.

Fausto então adormece.

Na próxima cena batem à porta de Fausto. É Mefistófeles. Fausto convida-o a entrar e Mefistófeles pede que o convide três vezes. Fausto atende ao pedido. Mefistófeles se oferece a Fausto como criado, companheiro e o mais pontual dos servos. Fausto pergunta o que espera como pagamento. Mefistófeles diz que depois eles acertam suas contas.

FAUSTO: *Pouco me afreimo*
Do teu depois e mais do teu lá embaixo!
[...]
Que me interessa
Que lá se odeie ou se ame?
Haja ou não haja
Um abaixo e um acima?

MEFISTÓFELES: *Então já pode*
No pacto conchavar-se.
[...]

ESTUDANTE Ainda nem procurei saber.
A minha pensão me alimenta bastante bem;
A mocinha de lá cuida de tudo.

MEFISTÓFELES Deus o guarde, isso vai levá-lo longe!
Café e bilhar! Ai do jogo!
As mocinhas, bem, elas vivem correndo atrás!
Gaste seu tempo no "corre-carícia".
Em contrapartida, apreciamos bastante
Que todos os estudantes, perto e longe,
Venham rastejando, pelo menos uma vez por semana,
Sob o salto do nosso sapato.
E aquele que for bem bajulador,
Terá lugar à nossa direita.

ESTUDANTE Estou ficando horrorizado!

MEFISTÓFELES Isso não faz mal algum.
Vamos prosseguir com o alojamento.
Eu não saberia indicar-lhe nada melhor
Do que ir amanhã mesmo até a Dona Malzbier.
Ela entende de estudantes...
Tem a casa cheia de cima a baixo,
E sabe bem o que deve fazer.
Embora a Arca de Noé fosse mais limpinha,
Mas lá é desse jeito.
O senhor paga o que os outros pagavam,
Aqueles que rabiscavam o nome no mictório.

FAUSTO: *Se uma vez só com falsas louvaminhas*
Chegares por tal arte a alucinar-me
Que eu me agrade a mim próprio; se valeres
A cativar-me com deleites frívolos,
Súbito a luz da vida se me apague.
Vá! Queres apostar?

Mefistófeles
Se quero! Aposto.

FAUSTO: *Aperto mais: se me chegar o momento*
A que eu diga: "Demora-te! És formoso!"
Então aos teus grilhões entrego os pulsos;
Então a morte aceito; os sinos dobrem;...

E, mais adiante, Fausto arregaça
a manga do braço esquerdo
e Mefistófeles pica-lhe a veia;
Fausto molha no sangue a pena
e assina com ela o pergaminho
que Mefistófeles lhe apresenta.

Mefistófeles, só, voltado para a porta por onde saiu Fausto, diz:
Descarta-te do siso e da ciência,
Máximas forças do homem!
Crê somente
Nas ficções dos espíritos falazes,
E és meu sem redenção! Deu-te o destino
Alma que, desdenhando os bens do mundo,
Só aspira vaidosa a bens sem termo.
Com este posso eu bem...
...Dar-se ao diabo este asneirão foi luxo,
que ele ia ao fundo pelo próprio peso.

[Os diálogos citados são da
tradução de 1872 de Antônio
Feliciano de Castilho,
publicada pela Ediouro, s.d.]

ESTUDANTE Meu coração está ficando tão apertado
Como ficava em casa, no tempo do colégio.

MEFISTÓFELES Bom, agora que resolvemos a questão do alojamento,
Trataremos da sua escrivaninha mediante pagamento!

ESTUDANTE Eu acho que isso se arranja.
Ainda mais para quem falava em ampliar o espírito.

MEFISTÓFELES Meu querido! Certamente irão estragá-lo com muito mimo.
O senhor não conhece o espírito acadêmico.
Esqueça a mesa da mamãe.
Água limpa, manteiga,
No lugar de germe de lúpulo, de verdura fresquinha,
Aprecia-se com gratidão urtigas doces,
Que provocam uma evacuação de ganso.
Mas não se fixe muito nisso,
Carneiros e vitelas fazem evoluções sem fim,
Como o firmamento do nosso Senhor.
Mas terá deduzido do seu pagamento
Aquilo que o anterior ficou devendo.
Cuide bem de sua carteira,
Especialmente não a empreste a amigos
Mas honre sempre com pronto pagamento
O garçom, o alfaiate e o professor.

ESTUDANTE Reverendo senhor, isso se arranja.

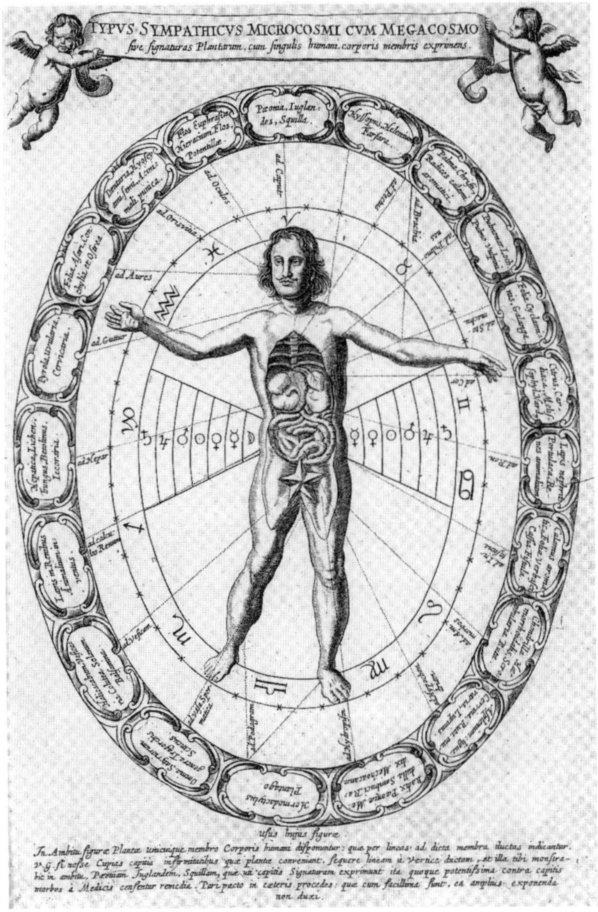
TYPVS SYMPATHICVS MICROCOSMI CVM MEGACOSMO
sive signaturas Plantarum, cum singulis humani corporis membris exprimens.
Pæonia, Iuglandes, Squilla.
Hermodactylus
Plantago
usus hujus figuræ
In Ambitu figuræ Plantæ unicuique membro Corporis humani disponuntur: quæ per lineas ad dicta membra ductas indicantur. v.g. si nosse Cupias capitis infirmitatibus quæ plantæ conveniant, sequere lineam à Vertice ductam, et illa tibi monstrabit in ambitu, Pæoniam, Iuglandem, Squillam, quæ uti capitis Signaturam exprimunt ita quoque potentissima contra capitis morbos à Medicis censentur remedia. Pari pacto in cæteris procedes: quæ cum facillima sint, ea amplius exponenda non duxi.

Mas peço-vos que me orienteis!
O campo da sabedoria está aberto para mim,
Apreciaria me atirar nele correndo,
Mas tudo parece tão colorido e eriçado por um lado,
E também deserto e árido, por outro.
De longe eu ficava imaginando
O Olimpo repleto de fontes frescas.

MEFISTÓFELES Antes de prosseguir me diga
Que faculdade escolheu?

ESTUDANTE Na verdade deveria tornar-me médico,
Mas queria conhecer tudo da terra,
Do céu e da natureza,
Tanto quanto o meu espírito puder captar.

MEFISTÓFELES Está no caminho certo,
Mas não permita se dispersar.
Por isso meu fiel amigo eu aconselho
Primeiro o Collegium Logicum.
Ali seu espírito será devidamente adestrado
E ganhará o cadarço das botas espanholas,
Para que se esgueire, mais cauteloso,
Nas vias do pensamento
E não siga ziguezagueando,
Errante, feito fogo-fátuo pelo caminho.
Depois, um dia, receberás o ensinamento
De que, aquilo que fazia de um só golpe,

Como comer e beber livremente —
Um, dois, três — é indispensável.
A verdade é que a fábrica de pensamentos
É tal qual o ofício do tecelão,
Em que um passo move milhares de fios,
As navetas cruzam de um lado a outro,
Os fios deslizam sem serem vistos
E mil nós se formam de uma só vez.
O filósofo vem
Para demonstrar que é assim que deve ser.
Que o primeiro era assim, o segundo assim,
E por isso o terceiro e o quarto são assado.
E não fossem o primeiro e o segundo,
O terceiro e o quarto não seriam jamais.
Os alunos de toda parte louvam isso
Mas nunca se tornam tecelões.
Quem quer reconhecer e descrever o que está vivo,
Tem antes de atrair o espírito para fora,
Aí terá as partes nas mãos
Mas, infelizmente, faltará ainda o vínculo espiritual.
A química chama isso de *encheiresin naturae*!
Faz-se burra e não sabe como.

ESTUDANTE Não consigo entender-vos completamente.

MEFISTÓFELES Isso vai melhorar com o tempo,
Quando aprender a reduzir tudo
E a classificar devidamente.

ESTUDANTE Isso tudo está me deixando meio zonzo,
É como se uma roda de moinho girasse na minha cabeça.

MEFISTÓFELES E depois, antes de tudo,
O senhor deve abraçar a metafísica
E ver se capta, no sentido profundo,
O que não entra na cabeça do homem,
Que para o que nela entra e o que não entra,
Existe sempre uma ótima palavra à disposição.
Mas antes, nesse primeiro semestre,
Trate de zelar pela ordem com afinco.
São cinco horas diárias,
Esteja dentro ao tocar o sino.
É claro que em casa o senhor se preparou,
Estudou os parágrafos,
Para depois ver melhor
Que o professor não diz nada além do que está no livro.
Mas deve dedicar-se à escrita
Como se o ditasse o Espírito Santo.

ESTUDANTE Perdoai, se tomo vosso tempo com tantas perguntas,
Mas eu ainda preciso vos dar trabalho:
Será que falaríeis um pouquinho
Sobre o estudo da medicina?
Três anos é pouco tempo,
E, Deus! O campo é amplo demais.
Uma pequena indicação,
Já é bastante para se avaliar um pouco melhor.

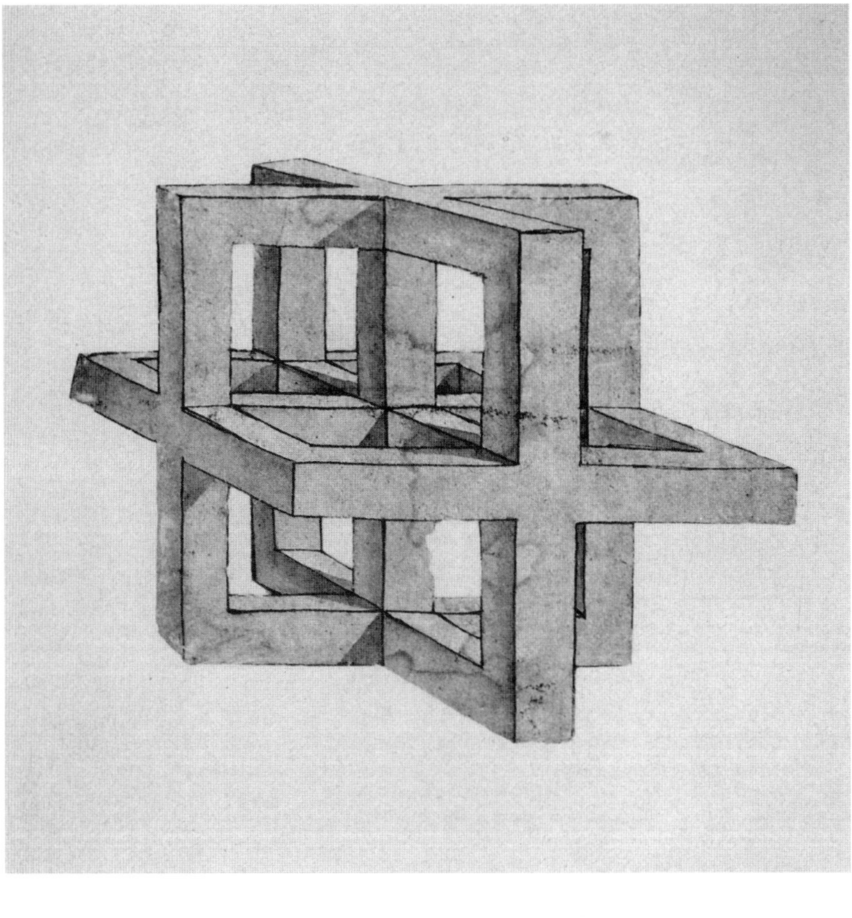

MEFISTÓFELES [*em voz baixa*] Estou farto desse tom professoral,
Vou voltar a fazer o diabo.
[*Em voz alta*] É fácil captar o espírito da medicina.
Estuda-se bem o mundo grande e o pequeno
Para, afinal, deixar que ande
Como Deus quiser.
Em vão se vagueia cientificamente ao redor;
Cada um só apreende aquilo que pode.
Mas aquele que agarra o instante,
Este é o homem certo.
O senhor é bem-apanhado,
Não lhe faltará também a ousadia
E quando a gente em si mesmo confia
Outros também confiarão.
Aprenda, principalmente, a conduzir o mulherio!
Seus eternos ais e uis,
Tão multifacetados,
Curáveis em um ponto só.
É só mostrar-se um pouco honrado
Para tê-las todas a seu lado.
No início, um título é necessário para acreditarem
Que a sua arte supera muitas artes.
Logo de chegada apalpe-lhes as sete partes
Que outro durante anos só conseguiu roçar.
Saiba apertar o pulso com jeito
E, com olhar esperto e ardente,
Passe o braço pelas ancas finas
E avalie o quanto estão atadas.

ESTUDANTE Isso já parece melhor do que a filosofia.

MEFISTÓFELES Cinza, meu caro amigo, é toda a teoria
E verde a árvore dourada da vida.

ESTUDANTE Eu vos juro, tudo parece um sonho.
Será que posso importunar outras vezes
Para ouvir a fundo vossa sabedoria?

MEFISTÓFELES No que puder, estou às ordens.

ESTUDANTE Não posso ir embora de jeito algum,
Sem vos entregar o meu álbum —
Se Vossa Senhoria fizer o favor de me conceder um registro.

MEFISTÓFELES Muito bem. [*Escreve e devolve.*]

ESTUDANTE [*lê*] *Eritis sicut Deus scientes bonum et malum.*
[*Fecha o álbum com reverência e se despede.*]

MEFISTÓFELES É só seguir o velho ditado da minha comadre, a cobra —
Um dia, com certeza, irá afligi-lo a semelhança divina.

Na Taberna de Auerbach em Leipzig

Grupo de amigos festejando

FROSCH Ninguém quer beber, ninguém quer dar risada?
Vou ensiná-los a fazer careta!
Hoje estão parecendo palha molhada —
Vocês que sempre são o próprio fogo em brasa.

BRANDER A culpa é sua, por não trazer nenhuma novidade, nenhuma bobagem, nenhuma sujeira.

FROSCH [*derrama um copo de vinho sobre a cabeça dele*]
Pronto. Agora você tem as duas coisas.

BRANDER Asno! Porco!

FROSCH Com vocês não devemos ser as duas coisas?

SIEBEL Três diabos! Sosseguem! E cantem! E vamos encher a cara e gritar. Anda! Lalará! Lalará!

ALTEN Me passem algodão! Ele vai estourar os nossos tímpanos.

SIEBEL E eu tenho culpa que esse maldito teto baixo provoca esse eco? Cante!

FROSCH Lalari, lalará! — Está afinado! E agora?
O amado sacro Império Romano
Como que ainda está de pé?

BRANDER Que nojo, que canção mais feia, canção política,

enfadonha! Agradeçam a Deus por não terem nada a ver com o Império Romano. Vamos eleger um papa.

FROSCH Acorda meu rouxinol da alvorada
E leve lembranças para minha amada!

SIEBEL Morte e temporal! Que lembranças para amada o quê! — uma empada de rato recheada com folhas secas do carvalho do monte das bruxas, levada pelo coelho esfolado com cabeça de galo, isso sim e lembrança de rouxinol coisa nenhuma. E não é que ela largou a mim, ao meu cavanhaque e a todas as minhas singularidades atrás da porta, como se fosse uma vassoura velha, e isso para... Que diabo! — É o que estou dizendo, lembrança nenhuma, a não ser pedras para estilhaçar os vidros da janela dela!

FROSCH [*batendo o caneco na mesa*] Silêncio agora! — Aí vai uma canção nova, pessoal, ou velha se preferirem! — Gravem o refrão para cantar comigo! Em alto e bom som!

Vivia um rato no porão,
Era só manteiga e banha, na maior mordomia,
Ele foi ganhando um barrigão,
Lutero em pessoa parecia.
A cozinheira botou veneno
E o seu mundo ficou tão pequeno.
Como se estivesse apaixonado.

FANTAISIES.
Secq.

CORO [*exultante*] Como se estivesse apaixonado.

FROSCH Corria de um lado para o outro,
Agoniado, procurando o que beber,
Roía, arranhava, feito louco,
Ai, coitado, não parava de sofrer.
Estrebuchava por todo lugar,
Mal via a hora de desencarnar.
Como se estivesse apaixonado.

CORO Como se estivesse apaixonado.

FROSCH Em pleno dia se meteu pela cozinha,
Morrendo de medo de morrer.
Já quase sem respiração,
Estatelou-se diante do fogão.
E a cozinheira analisava, sorrindo:
Há, há — a vida é ar se esvaindo.
Como se estivesse apaixonado.

CORO Como se estivesse apaixonado.

SIEBEL Devia colocar uma porção de veneno na sopa dessa cozinheira, isso sim! Eu não sou piedoso, mas um rato desses é capaz de comover até uma pedra.

BRANDER Você é que é o rato em pessoa! Eu queria estar lá perto do fogão para ver a alminha desencarnando daquele barrigão!

[*Fausto, Mefistófeles*]

MEFISTÓFELES Agora observa como se comportam! Se apreciares consigo arranjar-te toda noite a mesma sociedade.

FAUSTO Boa noite, ilustres senhores.

TODOS Muito obrigado!

SIEBEL Quem é o charlatão?

BRANDER Quieto! Tem certa elegância incógnita, um quê de maldade e de insatisfação no semblante.

SIEBEL Bah! Quando muito, são comediantes.

MEFISTÓFELES [*em voz baixa*] Está vendo? Eles não percebem nunca a presença do diabo, por mais perto que esteja.

FROSCH Vou jogar verde para ver se descubro de onde vêm! — O caminho de Rippach para cá está tão ruim que os obrigou a viajar até estas altas horas da noite?

FAUSTO Não viemos por este caminho.

FROSCH É que eu pensei que haviam almoçado no Mário...

FAUSTO Que Mário?

JUGEND
PROST
1897er
aus der Kellerei
F.D.

[*Os outros riem.*]

FROSCH Ah, ele é de família tradicional. Tem uma família bem grande.

MEFISTÓFELES Aliás, ouvi dizer que está com saudades de vocês.

BRANDER [*em voz baixa para Frosch*] Pára! Ele sabe o que é.

FROSCH Lá em Wurzen é fatal, às vezes tem de se esperar muito pela balsa.

FAUSTO Ah, é?

SIEBEL [*em voz baixa*] Eles vêm do sul, dá para ver. Deixe que fiquem altos primeiro. — São amigos de um trago corajoso? Venham para cá!

MEFISTÓFELES Sempre.

[*Brindam e bebem.*]

FROSCH Bem, senhores, agora uma canção. Um caneco, uma canção, sai bem barato.

FAUSTO Eu não tenho voz.

MEFISTÓFELES Eu canto uma por mim, duas pelo meu amigo,

cem se quiserem; viemos da Espanha onde à noite se cantam tantas canções, quantas estrelas houver no céu.

BRANDER Eu passo — odeio esse piano mal tocado, exceto quando estou bêbado e durmo, aí o mundo pode se acabar. — Isso é para meninas que quando não conseguem adormecer ficam paradas na janela mamando no frescor da lua.

MEFISTÓFELES Era uma vez um rei
Que tinha uma pulga de estimação —

SIEBEL Silêncio! Ouçam! Que bela raridade! Que paixão!

FROSCH Cante outra vez!

MEFISTÓFELES Era uma vez um rei,
Que tinha uma pulga de estimação,
Criada como uma filha,
Com amor e dedicação.
Um dia ele chamou o alfaiate
E logo o alfaiate veio.
"Faça-lhe vestes de destaque
E trajes de passeio!"

SIEBEL Vestes sob medida! Essa é boa! [*Aclamam com riso.*]
Cuidado com os vincos!

MEFISTÓFELES Com seda e veludo

Agora estava a pulga vestida.
Tinha lacinho em tudo
E também uma cruz colorida.
E logo se tornou importante,
Com divisas condecorada.
Sua família nesse instante
Passou a ser respeitada.

Na corte rainha e damas
Passaram a sofrer demais,
Pois as picadas na cama
Coçavam sem parar mais.
Não podiam esmagá-la,
Nem mesmo expulsá-la.
Mas se uma amiga pica
Como é que a gente fica?

CORO [*exultante*] Como é que a gente fica?
Esmaga-se a maldita.

TODOS AO MESMO TEMPO Bravo! Bravo! Bonita e pertinente! Mais uma! Mais uma rodada de copos! Mais canções!

FAUSTO Meus senhores, o vinho está subindo, subindo, como acontece com todos os de Leipzig. Mas eu gostaria que os senhores permitissem que lhes servíssemos de outro barril.

SIEBEL Os senhores possuem uma adega própria. Estão no comércio de vinho? Será que são da corja do reino?

ALTEN Espere um pouco. [*Levanta-se.*] Eu tenho um teste para saber se posso ou não continuar. [*Fecha os olhos e fica de pé por uns instantes.*] Bem, bem, a cabecinha já está balançando. Bah, uma garrafa! Eu assumo perante Deus e perante tuas mulheres. O vosso vinho!

FAUSTO Arrumem uma verruma!

FROSCH O taberneiro tem um cesto cheio de ferramentas ali atrás.

FAUSTO [*pega a verruma*] Muito bem. Que vinho desejam?

FROSCH Como?

FAUSTO Querem tomar uma taça de que vinho? Podem pedir que eu arrumo.

FROSCH Bem, para mim pode ser então uma taça de vinho do Reno, um Nierensteiner.

FAUSTO Está certo. [*Fura a mesa onde está Frosch.*] Agora arrumem cera!

ALTEN Tome lá, um toco de vela.

FAUST,
Nagelpolierstein

FAUSTO Pronto. [*Tampa o buraco com cera.*] Agora espere! — e o senhor?

SIEBEL Vinho Moscatel! Espanhol, não pode ser outro. Quero só ver por onde vai escorrer.

FAUSTO [*fura e tampa*] E o senhor deseja o quê?

ALTEN Vinho tinto, francês! — Por mais que respeite o vinho deles, não suporto os franceses.

FAUSTO [*faz o mesmo que antes*] E o senhor, o que pretende?

BRANDER Ele está achando que somos idiotas?

FAUSTO Ande logo, senhor, escolha um vinho!

BRANDER Então vai um Tokayer! — O senhor não está pretendendo que saia vinho da mesa!

FAUSTO Silêncio, meu jovem! — Atenção agora! Segurem as taças debaixo da mesa, e aí cada um vai tirar o tampão de cera! Mas cuidem para que nem uma única gota derrame no chão, senão será um desastre!

ALTEN Estou ficando com medo. Ele está com o demônio.

FAUSTO Tirar os tampões!

*Apesar de já existir a rubrica, no *Urfaust* não constam as palavras proferidas neste momento. No *Fausto* — primeira parte, elas são: *Ein tiefer Blick in die Natur/Hier ist ein Wunder, glaubet nur* (Um olhar profundo na natureza/eis um milagre com certeza).

[*Eles puxam os tampões e na taça de cada um cai o vinho escolhido.*]

FAUSTO Fechem os tampões! Agora provem!

SIEBEL Bom! Preciso!

TODOS Muito bom! Regiamente bom.

MEFISTÓFELES Agora embarcaram.

FAUSTO Vamos embora!

MEFISTÓFELES Só mais um momento.

TODOS [*cantam*] Sentimo-nos canibalmente bem.
Feito quinhentos leitões!

[*Voltam a beber. Siebel deixa o tampão cair e o vinho escorre pelo piso, transformando-se em fogo que sobe por sua perna.*]

SIEBEL Inferno, demônio!

BRANDER Feitiço! Feitiço!

FAUSTO Eu não disse?
[*Tampa a abertura e pronuncia algumas palavras.*]*

SIEBEL Senhor e Satã! — Ele pensou que podia se cercar de

honesta companhia para sair exercitando seu abracadabra dos infernos?

FAUSTO Silêncio, porco cevado!

SIEBEL Porco, eu? Seu cabo de vassoura! Irmãos! Vamos quebrar a cara dele! Acabem com ele! [*Puxam as facas.*] Um mágico é um fora-da-lei! De acordo com as leis do reino, é um fora-da-lei.

[*Querem atacar Fausto; ele acena; param de repente, espantados, e encaram-se uns aos outros.*]

SIEBEL O que vejo?! Montanhas de vinhedos!

BRANDER Uvas nesta época do ano?

ALTEN Que suculentas! Que belas!

FROSCH Espere, esta é a mais bela!

[*Agarram um o nariz do outro e erguem as facas.*]

FAUSTO Parem! — Vão dormir para passar o porre!

[*Fausto e Mefistófeles saem. Eles abrem os olhos e se separam aos gritos.*]

SIEBEL Meu nariz! Isto era o seu nariz? Eram estas as uvas? Onde ele está?

BRANDER Foi embora! Era o diabo em pessoa!

FROSCH Eu o vi saindo montado num barril.

ALTEN Viu? Agora é bom não passar pela praça, não é seguro. Como é que a gente vai para casa?

BRANDER Siebel, vá na frente!

SIEBEL Não sou louco!

FROSCH Venham, vamos acordar o vigia lá no Paço Municipal. Por uma gorjeta ele deve fazer a obrigação. Vamos!

SIEBEL Será que ainda corre vinho ali? [*Ele verifica os tampões.*]

ALTEN Não se iluda! Está seco que nem pau!

FROSCH Vamos embora, rapazes! Vamos! [*Todos saem.*]

Estrada

Uma cruz no caminho à direita
No alto da colina, um velho castelo
Ao longe, casas de camponeses

FAUSTO O que há, Mefisto, por que corres desse jeito?
Por que, diante da cruz, baixas o olhar?

MEFISTÓFELES Eu bem sei — é um preconceito,
Que já basta para provocar em mim uma rejeição.

Passeio

Fausto, Margarida [passando], Mefistófeles

FAUSTO Minha bela senhorita, será que posso ousar
Oferecer o meu braço para lhe acompanhar?

MARGARIDA Não sou nem senhorita, nem bela
E posso ir para casa sozinha.

[*Desvencilha-se e sai.*]

FAUSTO Que moça mais linda e formosa,
Tocou forte o meu ser,
Parece tão boa e virtuosa,
Mas tem um quê de impertinente também.
O vermelho dos lábios, o brilho na face
Jamais poderei esquecer.
Seu jeito de pestanejar,
Impregnou o meu coração.
Seu jeito de querer fugir logo,
Aumenta ainda mais o meu fogo.

[*Entra Mefistófeles.*]

FAUSTO Escuta, precisas conseguir essa putinha para mim!

MEFISTÓFELES Qual?

FAUSTO Passou agora mesmo.

MEFISTÓFELES Aquela ali? Acabou de se confessar com o padre

Ele a absolveu de todos os pecados;
Passei bem perto para ouvir,
Ela é pura e inocente.
Não tinha por que se confessar.
Sobre essa não tenho nenhum poder.

FAUSTO Mas já tem mais de catorze anos.

MEFISTÓFELES Falas como o Don Juan
Que cobiça todas as flores
E julga não existirem valores,
Nem favores que não se possam colher.
Mas nem sempre é assim.

FAUSTO Meu senhor, mestre louvável,
Deixa-me em paz com tuas leis!
E para falar curto e grosso:
Se o sangue jovem e doce
Não descansar em meus braços ainda hoje,
À meia-noite estaremos separados.

MEFISTÓFELES Pensa bem, nos prós e nos contras!
Concede-me ao menos catorze dias,
Só para surgir a melhor ocasião.

FAUSTO Se eu tivesse sete dias de sossego,
Não precisaria do diabo
Para seduzir essa coisinha.

MEFISTÓFELES Falas quase como um francês;
Mas eu peço, não desanimes.
Qual é a graça de gozo tão breve?
A alegria de longe não será tão grande,
Sem antes adornar aqui e ali,
Com tudo que é enfeitinho,
E moldar aquela bonequinha,
Como ensinam muitas histórias por aí.

FAUSTO Também tenho apetite sem isso.

MEFISTÓFELES Agora sem queixa e sem troça!
Eu te digo, com aquela bela moça,
Não dá para ser depressa.
De nada adianta força,
É preciso, sim, astúcia.

FAUSTO Arruma-me algo do anjo belo,
Leva-me ao seu lugar de repouso,
Arruma-me um lenço de seu busto,
Uma liga de meus desejos!

MEFISTÓFELES Para veres que me apiedo
E quero amenizar teu sofrimento,
Não percamos um só momento.
Levo-te ainda hoje ao seu aposento.

FAUSTO E poderei vê-la? Tê-la?

MEFISTÓFELES Não.
Ela estará na casa de uma vizinha.
Enquanto isso estarás sozinho
Com toda esperança de alegrias futuras
Saciando-te com sua atmosfera.

FAUSTO Podemos ir, então?

MEFISTÓLELES É muito cedo ainda.

FAUSTO Trata de me arrumar um presente para dar a ela. [*Sai.*]

MEFISTÓFELES Ele age como se fosse filho de nobre.
Se Lúcifer tivesse uma dúzia desses príncipes,
Deveria receber dízimos;
Além de ganhar uma comissão. [*Sai.*]

Entardecer

Num quarto pequeno e arrumado

MARGARIDA [*trançando e prendendo o cabelo no alto da cabeça*]
Eu daria alguma coisa em troca para saber
Quem era o senhor que vi hoje.
É certo que tinha um porte bem digno
E vem de casa nobre,
Pude ler isso em sua testa.
Senão ele não seria tão ousado. [*Sai.*]

[*Mefistófeles, Fausto*]

MEFISTÓFELES Entra, entra sem barulho.

FAUSTO [*depois de um tempo em silêncio*] Eu te peço, deixa-me sozinho!

MEFISTÓFELES [*sentindo o ambiente ao redor*]
Não é toda moça que mantém tudo tão limpo. [*Sai.*]

FAUSTO [*olhando ao redor*]
Bem-vinda doce luz crepuscular
Que traspassa esse santuário!
Agarra o meu coração, doce penar de amor,
Que vive lânguido do orvalho da esperança!
Respira aqui o sentimento do silêncio,
Da ordem, da satisfação!
Nesta pobreza — que plenitude!
Que glória nesta prisão!

[*Joga-se sobre a poltrona de couro ao lado da cama.*]

Ah, recebe-me, tu que já o mundo de outrora
Recebeste em alegria e dor, de braços abertos!
Quantas vezes, ah, um bando de crianças
Pendurou-se em volta deste trono paterno!
Talvez aqui, grata pelo menino Jesus,
Minha amada, com cheias faces infantis,
Tenha beijado, devota, a mão enrugada do avô.
Eu sinto o teu espírito, ó menina,
Sussurrando à minha volta,
De plenitude e ordem,
Que, maternal, instrui teu dia-a-dia
E faz com que estendas na mesa a toalha
E percebas até os grãos de areia sob teus pés.
Oh, mão afetuosa, tão divina,
Que transforma a cabana em reino celeste.
E aqui! [*Ergue o cortinado do leito.*]
Como estou sendo tomado por um horror de encanto!
Aqui quero desperdiçar horas inteiras.
Natureza! Aqui desenvolveste o anjo inato.
Durante suaves sonhos.
Aqui repousava a criança, enquanto enchia-se
O delicado seio de vida calorosa
E aqui de um tecer puro e santo
Fez-se a imagem divina.
E tu? O que te trouxe até aqui?
Como sinto que o meu íntimo foi tocado!
O que procuras aqui? Por que teu coração está pesado?
Pobre Fausto, não te conheço mais!

Será um aroma mágico o que me envolve aqui?
Impelia-me somente um desejo de prazer
E sinto-me derreter em sonho de amor!
Seremos nós joguete de cada pressão do ar?

E se ela entrasse neste instante
Como expiarias o teu delito?
O grande sedutor, ah, que pequeno,
Cairia derretido aos teus pés.

MEFISTÓFELES Depressa, ela está chegando.

FAUSTO Vem, vem! Eu não recuarei jamais!

MEFISTÓFELES Eis uma caixinha bem pesada
Que tirei de outro lugar.
Basta colocá-la aqui neste armário
E prometo que ela perderá os sentidos.
Pois tem coisas ali dentro
Para conquistar uma princesa.
Mas é claro — cada criança, um brinquedo.

FAUSTO Eu não sei, será que devo?

MEFISTÓFELES Mas ainda pergunta!
Pensas acaso em guardar o tesouro contigo?
Então, aconselho poupar tua concupiscência,
A bela e boa luz do dia,

O meu esforço e a minha paciência.
Eu não espero que sejas egoísta.
Eu coço a cabeça, esfrego as mãos —

[*Ele coloca a caixinha no armário e aperta o ferrolho da fechadura.*]

Vamos sair agora, depressa —
Para voltar-se a doce e jovem criança
Segundo o desejo do teu coração.
E a tua cara mais parece
Como se estivesse num interrogatório,
Como se tomassem corpo à tua frente
A física e a metafísica.
Vamos logo! [*Saem.*]

MARGARIDA [*com uma lâmpada*]
Está tão quente e abafado aqui
[*Ela abre as janelas.*]
E não está quente lá fora.
Estou me sentindo, não sei bem —
Queria que mamãe voltasse logo para casa.
Sinto calafrios por todo o corpo,
Que medrosa eu sou.

[*Começa a cantar enquanto despe os agasalhos.*]

Havia um rei em Tule,
Que tinha uma taça dourada

Recebida no leito de morte
Das mãos da rainha amada.

Da taça ele não se separava
Dela bebia, em todas as ocasiões;
E os olhos se enchiam d'água
Embriagado em recordações.

E ao sentir a morte chegar,
Aos herdeiros cuidou de deixar
Todo o seu reino e tesouro,
Só não a taça de ouro.

Durante o banquete real,
Rodeado de seus cavaleiros,
No alto salão ancestral,
Seus momentos derradeiros.

Da taça o velho tomou
Seu último trago do mundo,
Num gesto de calma a entregou
Às águas do mar profundo.

Observou a taça beber,
Beber a água do mar
E o mar e a taça levaram
Do rei, o último olhar.

[*Ela abre o armário para guardar suas coisas e avista a caixinha de jóias.*]

Como esta linda caixinha veio parar aqui?
Tenho certeza que tranquei o armário.
Que terá aí dentro?
Talvez alguém que devia a minha mãe algum valor
A trouxe como penhor.
Tem uma chave pendurada num cordão.
Acho que vou abri-la!
O que é isso? Veja só, meu Deus do céu!
Nunca vi coisa igual!
Uma jóia! Com ela até uma princesa
Poderia passear no feriado.
Como será que fica em mim?
De quem será esta maravilha?

[*Coloca a jóia e vai diante do espelho.*]

Se ao menos os brincos fossem meus!
A aparência da gente já fica outra.
De que serve a beleza, o sangue novo?
Está certo, é bom, é bonito
Mas não passa disso.
Elogiam a gente quase com dó.
Pois o que move é ouro
É ouro o que pesa
É tudo! Coitados de nós, pobres!

Passeio

Fausto, pensativo, anda de um lado para o outro

Mefistófeles junta-se a ele

MEFISTÓFELES Com mil traições de amor! Elemento infernal!
Quisera eu conhecer pragas para fazer um xingamento!

FAUSTO O que tens? O que te afeta desse jeito?
Nunca na vida vi cara mais feia.

MEFISTÓFELES Queria que o diabo me carregasse,
Se eu mesmo o diabo não fosse.

FAUSTO Será que algo se deslocou em tua cabeça?
Te cai bem esbravejar, estar furioso.

MEFISTÓFELES Imagina que a jóia que arrumei para Margarida
Foi parar na mão de um padre.
Mesmo quem tivesse sangue de anjo no corpo
Viraria a mulher do peixe!
A mãe, ao ver a coisa ali,
Começou a sentir calafrios.
A mulher bem que tem um belo faro.
Vive farejando no livro de rezas
E não deixa escapar um único objeto sem antes cheirar,
Para classificar se o troço é sagrado ou é profano.
E nessas jóias foi logo sentindo
Que muito benta a coisa não era.
"Filhinha", exclamou ela, "bem adquirido injustamente
aprisiona a alma e consome o sangue da gente.
Vamos doá-las à mãe de Deus,
E seremos recompensadas com o maná celeste."

Guida fez um enorme de um biquinho,
Afinal, pensou, é cavalo dado
E não pode ser de todo ateu
Quem levá-lo até lá se atreveu.
A mãe mandou vir o padre;
Que mal soube da peça
Apreciou muito aquela visão
E foi logo dizendo: "Ah, que atitude mais cristã!
Aquele que se supera é quem ganha.
A Igreja tem estômago bom,
Já comeu países inteiros
E ainda assim não teve indigestão;
Somente a Igreja, minhas caras senhoras,
Pode digerir bens injustos."

FAUSTO É um hábito que muitos têm,
Os juízes e banqueiros também conseguem.

MEFISTÓFELES Assim passou a mão em colar, anel e fivela,
Como se fossem cogumelos na panela.
Não agradeceu nem menos, nem mais
Do que por um saco de cereais.
Prometeu-lhes todas as recompensas celestes
O que as deixou bem contentes.

FAUSTO E Guida?

MEFISTÓFELES Está irrequieta.

Não sabe mais o que deve, nem o que quer.
Pensa nas jóias noite e dia
E mais ainda em quem as levou até lá.

FAUSTO A preocupação da amada me faz penar,
Coloque logo outra jóia no lugar!
A primeira nem era grande coisa.

MEFISTÓFELES Ah, claro, para o senhor tudo é muito fácil.

FAUSTO Anda, segue logo a orientação minha
E pendura-te na vizinha!
Sê o diabo, não um molengão preguiçoso,
E vê se arranja outro objeto precioso.

MEFISTÓFELES Certo, meu honrado senhor, farei de coração.

[*Fausto sai.*]

Um louco apaixonado assim é capaz de esbanjar,
De jogar fora o sol, as estrelas e o luar
Só para agradar a amada.

Casa da vizinha

MARTA Deus, perdoai o meu bom marido,
Que por mim nunca moveu uma viga!
Se enfiou no mundo, fugido,
E me deixou sozinha na vida.
E eu nunca fiz nada de mal a ele,
Deus é que sabe o quanto eu gostava dele. [*Ela chora.*]
Talvez tenha morrido. Oh, coitado!
E se ao menos eu tivesse um atestado!

MARGARIDA [*aproxima-se*] Dona Marta!

MARTA Guida, o que é?

MARGARIDA Estou com os joelhos tremendo!
É que encontrei outra caixinha, tá vendo?
No meu armário, de ébano.
Cheia de coisas lindas dentro
Bem mais ricas que as primeiras.

MARTA Não conte para sua mãe, não;
Ela logo entregaria em confissão.

MARGARIDA Ai, olha só! Veja só que formosura!

MARTA [*coloca as jóias*] Ai que criatura mais sortuda!

MARGARIDA Pena que não posso usar
Na igreja nem em outro lugar.

MARTA Vem sempre me visitar
E aqui poderás colocar as jóias;
Dá umas voltinhas na frente do espelho
E vamos ter com o que nos alegrar.
Um dia aparece uma festa, uma chance.
Aí, pouco a pouco, mostramos de relance.
Primeiro uma pérola na orelha, depois o colar,
Se a mãe perceber, é bom logo disfarçar.

[*Batem à porta.*]

MARGARIDA Meu Deus! Será que minha mãe ouviu a gente?

MARTA [*olhando pela cortina*]
É um senhor desconhecido. — Entre!

MEFISTÓFELES [*surge*] Fui entrando tão livremente,
Peço perdão às senhoras se estiver sendo inconveniente.
[*Recua respeitosamente diante de Margarida.*]
Posso falar com a senhora Marta Schwerdlein, por favor?

MARTA Sou eu, o que deseja o senhor?

MEFISTÓFOLES [*baixinho*] A mim basta saber quem é a senhora.
Vejo que está com ilustre visita agora.
Peço então que me permita ir embora
E prometo voltar outra hora.

MARTA [*alto*] Minha nossa! Viste isso, menina?
Esse senhor pensa que és grã-fina!

MARGARIDA Sou uma moça pobre.
Ah! Sua atitude é que é nobre,
Essas jóias não me pertencem.

MEFISTÓFELES Não são as jóias que a enobrecem,
É o seu ser, seu olhar marcante.
Fico feliz se puder ficar um instante.

MARTA Estou curiosa, do que se trata?

MEFISTÓFELES Quisera eu não ser portador de notícia tão ingrata!
Espero que não queira me castigar:
Seu marido está morto e manda lhe saudar.

MARTA Está morto? O meu tão fiel amor!
Meu marido morto, ai, vou morrer de dor!

MARGARIDA Ah, não se desespere, boa senhora!

MEFISTÓFELES Ouça agora a triste história.

MARGARIDA É por isso que não quero amar na vida,
Eu morreria se perdesse a pessoa querida.

MEFISTÓFELES Mágoas trazem alegrias, alegrias, mágoas.

MARTA Conte-me como sua vida acabou.

MEFISTÓFELES Está enterrado em Pádua,
Perto de Santo Antônio ficou.
Em lugar tranqüilo e ermo
Para seu repouso eterno.

MARTA E o senhor me trouxe algo dele?

MEFISTÓFELES Sim, um pedido, grande e penoso:
Que mande rezar 300 missas por ele!
De resto, não trago nada, nenhum objeto valioso.

MARTA O quê? Sequer uma lembrancinha? Um agrado?
Aquilo que tem na sacola de qualquer coitado,
Reservado para um dia ser lembrado,
Preferindo passar fome, pedir esmola a entregar o guardado!

MEFISTÓFELES Madame, sinto no fundo do meu coração,
Mas ele próprio não dispersou um tostão.
Estava muito arrependido dos erros, de fato.
Ah e, mais ainda, lamentava seu destino ingrato.

MARGARIDA Ai, como as pessoas sempre vivem tanta desgraça!
É claro que rezarei muito por sua alma cansada.

MEFISTÓFELES Estás pronta para o casamento, tens graça.
E és digna de ser amada.

MARGARIDA Isso agora não vem ao caso.

MEFISTÓFELES Senão um marido, um belo namorado.
Uma das maiores dádivas é ser abençoado,
Ter nos braços um ser tão delicado.

MARGARIDA Isso não é o costume da região.

MEFISTÓFELES Mas pode acontecer, sendo costume ou não.

MARTA Conta-me, então!

MEFISTÓFELES Estive junto ao seu leito de morte.
Era pouco melhor que de esterco —
Feito de palha podre; de um cristão foi sua sorte.
Achava que tinha dívidas para fazer acerto.
"Como", gemia ele, "odeio o meu próprio ser,
Como pude deixar minha esposa sofrer!
Ai, a lembrança me mata, é um tormento,
Rogo que ela me perdoe nesta vida ainda!"

MARTA [*chorando*] Bom homem, já o perdoei há tempo.

MEFISTÓFELES "Além do que, Deus sabe, a culpa era mais dela do que minha."

MARTA Que mentira! Que coisa, à beira da morte ele mentia?

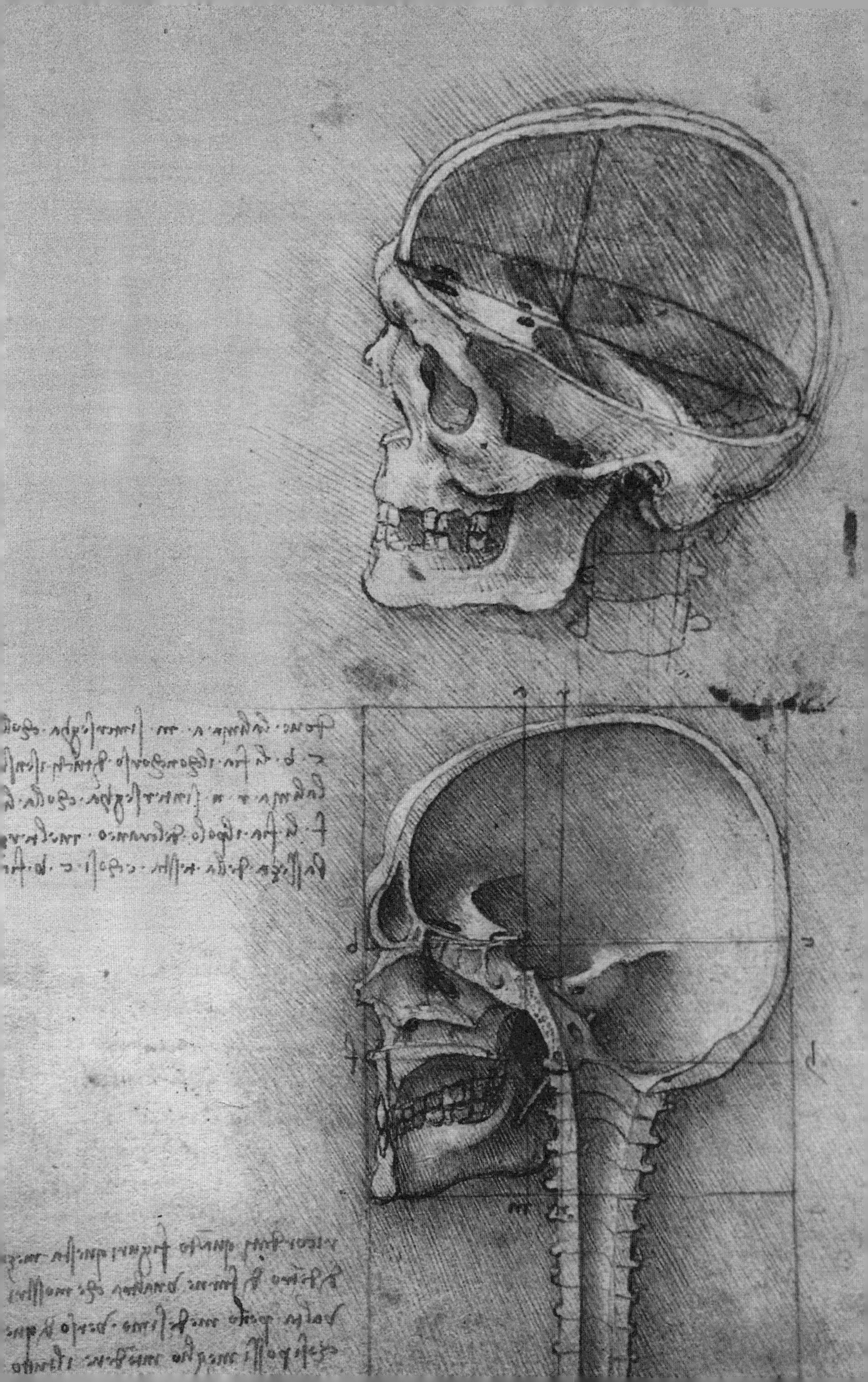